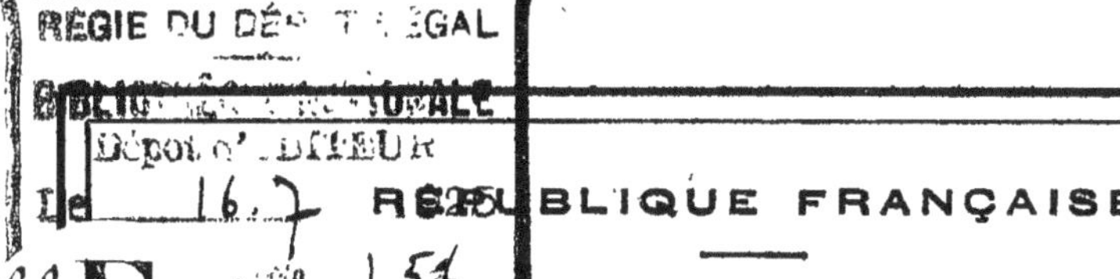

MINISTÈRE DE LA GUERRE.

CAHIER DES CHARGES COMMUNES AUX MARCHÉS

DU 22 JUILLET 1910

RELATIFS AUX

INSTALLATIONS DE CHAUFFAGE

PAR LA VAPEUR A BASSE PRESSION

CHARLES-LAVAUZELLE & CIE

Éditeurs militaires

PARIS, Boulevard Saint-Germain, 124

LIMOGES, 62, Avenue Baudin | 53, Rue Stanislas, NANCY

1925

MINISTÈRE DE LA GUERRE

Direction du Génie ; Bureau du Matériel. — N° 47.

Cahier des charges communes aux marchés relatifs aux installations de chauffage par la vapeur à basse pression.

Document applicable *aux troupes métropolitaines exclusivement.*

,Paris, le 22 juillet 1910.

Article 1er.

OBJET DES MARCHÉS EN QUESTION.

Les marchés relatifs aux installations de chauffage par la vapeur à basse pression comportent :

1° La fourniture de tous les appareils et organes nécessaires au chauffage de chaque bâtiment;

2° Le transport à pied d'œuvre, le montage et la mise en place du matériel ci-dessus;

3° Les essais de fonctionnement ;

4° L'entretien de l'installation pendant la période correspondant au délai de garantie.

Article 2.

SYSTÉME DE CHAUFFAGE.

Le système à employer est exclusivement le système de chauffage *en cycle ouvert*, avec deux tuyauteries indépendantes, l'une amenant la vapeur aux appareils de transmission de la chaleur, l'autre servant au retour des eaux de condensation.

La pression de la vapeur dans les chaudières doit rester inférieure à 300 grammes.

Indépendamment du chauffage normal ci-dessus défini, un chauffage supplémentaire pourra être prévu pour certains locaux; dans ce cas, le cahier des charges spéciales contiendra les indications nécessaires.

Article 3.

BASES DE L'INSTALLATION.

Les données qui doivent servir de base à l'étude du projet de l'installation du chauffage normal visé à l'article précédent sont déterminées par le cahier des charges spéciales.

Elles comprennent :

1° L'énumération de tous les locaux qui devront être chauffés;

2° Les températures que l'installation devra permettre d'obtenir et de maintenir dans ces divers locaux, une fois le régime établi;

3° Le minimum de la température extérieure jusqu'auquel les températures ci-dessus seront exigées;

4° Le volume d'air neuf qui pourra être introduit par heure dans chaque local, cet air étant pris à la température extérieure.

Les indications ci-dessus sont données sous la forme d'un tableau du modèle A, inséré au présent cahier des charges communes.

Le volume d'air neuf introduit par la ventilation (colonne n° 4) proviendra soit concurremment de prises d'air spéciales à organiser et du jeu de la ventilation naturelle, soit uniquement de cette dernière cause. Les quantités d'air afférentes respectivement à chacune de ces sources seront portées dans des colonnes distinctes : il y aura donc lieu, le cas échéant, de faire la somme des volumes de ces deux colonnes pour calculer la perte de chaleur due à la ventilation dans chaque local.

Article 4.

GÉNÉRATEURS DE VAPEUR.

Les générateurs doivent être installés soit dans des caves, soit dans des locaux situés en sous-sol ou tout au moins à un niveau suffisamment en contre-bas de tous ceux à chauffer.

Le nombre et les emplacements de ces centres de production de vapeur, ainsi que le nombre de générateurs afférents à chacun d'eux, sont indiqués au cahier des charges spéciales.

Les générateurs ou chaudières seront d'un type perfectionné et robuste, se prêtant à une réparation facile et rapide. Ils devront être munis d'un tube d'équilibre, à section assez large pour éviter tout danger d'engorgement, et à colonne d'eau, de façon à se trouver en communication permanente par un dispositif empêchant que l'expansion de la vapeur en excès n'entraîne la vidange partielle de la chaudière.

Les chaudières seront autorégulatrices de pression et de combustion.

Leur chargement devra s'opérer facilement et pouvoir ne se faire que deux ou trois fois par vingt-quatre heures.

Elles seront pourvues de tous les accessoires nécessaires : manomètres très sensibles, niveaux d'eau, robinets de jauge et d'alimentation, ringards, raclettes, pelles à charbon.

L'entrepreneur devra préciser, dans la notice descriptive visée plus loin (art. 16), les conditions et garanties de fabrication, de qualité et de résistance desdits générateurs, ainsi que leurs principales caractéristiques, notamment leur surface de chauffe et de grille, et leur rendement calorique (nombre de kilogrammes de vapeur produits par 1 kilogramme de charbon).

Article 5.

RADIATEURS.

Les radiateurs seront simples, robustes, à surfaces lisses et exemptes de toute complication; ils ne devront présenter aucun point où la poussière puisse s'accumuler. Ils seront susceptibles d'être visités et nettoyés facilement.

Ils seront peints d'une couleur inaltérable, dont la teinte, variable avec les locaux, sera fixée par le service du génie. La peinture sera appliquée sur deux couches au moins et devra être renouvelée aux frais de l'entrepreneur partout où elle sera détériorée, au bout de soixante jours de chauffage.

Tous les radiateurs doivent être pourvus d'un appareil de réglage manœuvrable au moyen d'une clef mobile destinée à rester entre les mains du personnel spécialement chargé du service du chauffage. Le nombre de clefs à fournir sera fixé par le cahier des charges spéciales.

La surface et le nombre des radiateurs à employer dans chaque pièce doivent être déterminés par les entrepreneurs auteurs des projets, sous leur entière responsabilité.

Il en sera de même de leurs emplacements, à moins que ceux-ci ne se trouvent obligés ; auquel cas, ces emplacements seront indiqués par le service du génie sur le plan des locaux (extrait du petit atlas des bâtiments militaires) qui est mentionné plus loin (art. 16).

D'une manière générale, et en principe, les radiateurs doivent être placés le long des parois refroidissantes et, notamment, devant les bouches d'air frais.

Lorsqu'il devra exceptionnellement être fait usage de radiateurs ornementés dans certaines pièces d'un bâtiment, le cahier

— 4 —

des charges spéciales donnera des indications nécessaires sur ce point.

Tous les radiateurs susvisés sont ceux du type ordinaire, à éléments verticaux, sans enveloppe d'aucune sorte. Dans les cas où il y aurait lieu de recourir à l'emploi soit de radiateurs à ailettes, soit de gaines ou coffrages autour des radiateurs de l'une ou l'autre sorte, soit de chambres, coffres ou batteries de chaleur, les dispositifs à adopter seraient prévus au cahier des charges spéciales.

Article 6.

PRISES D'AIR NEUF ET ÉVACUATION DE L'AIR VICIÉ.

Le débit des prises d'air neuf doit être susceptible de se régler au moyen d'une bouche à persienne ou à crémone, ou de tout autre dispositif dont la manœuvre exigera l'emploi d'une clef spéciale, afin de ne pouvoir être faite que par le personnel préposé au chauffage. Ces prises d'air devront être établies, dans chaque cas, de manière à permettre l'introduction du volume horaire d'air neuf prévu pour les divers locaux, sans que la vitesse d'entrée dépasse $0^m,50$ par seconde. Elles seront aisément visitables, d'un nettoyage facile et d'un entretien simple. Leur fermeture extérieure sera assurée par des panneaux grillagés. Elles seront placées, autant que possible, derrière les radiateurs, à hauteur de leur partie supérieure.

Les dispositions des prises d'air et de leur appareil de réglage doivent être combinées de façon à soustraire le mouvement d'entrée de l'air dans les pièces à l'influence du vent.

A l'intérieur des locaux, les offices des conduits d'évacuation de l'air vicié seront munis d'appareils Renard ou autres dispositifs appropriés, fournis et posés par l'entrepreneur, auquel incombera la détermination du débouché nécessaire au fonctionnement régulier de la ventilation prévue pour chaque pièce. Ce débouché devra être réglable.

Article 7.

CANALISATIONS.

Les canalisations d'amenée de vapeur et celles de retour de l'eau condensée seront constituées par des tubes de fer; les tuyaux du plus petit diamètre seront des tubes de 12/17; l'emploi de ces derniers sera d'ailleurs exceptionnel, le diamètre devant généralement rester égal ou supérieur à $0^m,015$.

Les tubes seront garantis de la *qualité spéciale pour chauffage*.

Ces canalisations seront, les unes et les autres, convenablement guidées et maintenues par des colliers, qui ménageront un intervalle d'au moins $0^m,02$ entre elles et les surfaces voisines. Les passages des murs, cloisons ou planchers se feront en fourreaux de fer.

En principe, on évitera de placer les canalisations au plafond; cette prescription doit être regardée comme absolue pour les chambres de malades.

Les joints des tuyaux seront parfaitement étanches; l'emploi de l'étoupe pour assurer l'étanchéité est proscrit s'il se combine avec l'usage du minium ou d'un autre mastic en plomb.

Les canalisations devront être installées de façon à ne donner lieu à aucun bruit ou claquement. Toute stagnation des eaux de condensation sera évitée, soit par la pente des tuyaux de retour, soit par tout autre moyen ou appareils accessoires.

En principe, toutes les parties de la canalisation d'amenée de vapeur qui ne serviront pas au chauffage des locaux seront entourées d'une enveloppe calorifuge. D'ailleurs, le cahier des charges spéciales déterminera les locaux où lesdites conduites seront ou pourront être utilisées comme surfaces chauffantes.

Article 8.

RÉSISTANCE DES DIVERS ORGANES DE L'INSTALLATION.

L'entrepreneur pourra être astreint, soit sur place, soit dans ses ateliers ou en usine, à tous essais que le service du génie jugerait utiles pour la vérification des conditions normales de garantie indiquées dans le mémoire explicatif visé à l'article 15.

Article 9.

GARANTIE DE RENDEMENT DES GÉNÉRATEURS.

Le rendement calorifique, en marche normale, des générateurs (voir art. 4) sera garanti par le constructeur; l'essai sera fait contradictoirement à l'usine.

Si le rendement calorifique est inférieur à celui qui a été garanti, le prix forfaitaire correspondant à la partie de l'instal lation desservie par la chaudière sera diminué de 1 p. 100 pour chaque 100 grammes de différence entre le rendement constaté et le rendement garanti. Si la différence dépasse 10 p. 100 du rendement garanti, l'entrepreneur pourra être mis en demeure de remplacer les générateurs. Il sera libre, d'ailleurs, au-dessous de cette différence de 10 p. 100, de remplacer les générateurs au lieu d'accepter la réfaction.

Article 10.

GARANTIE DE CONSOMMATION EN COMBUSTIBLE.

La consommation de combustible nécessaire au fonctionnement normal des appareils de chauffage, une fois le régime établi, ne devra pas, avec une qualité de charbon déterminée, dépasser pour l'ensemble de l'installation un certain maximum qui sera garanti par l'entrepreneur, sous sa responsabilité. Ce maximum de consommation se rapportera à une période de vingt-quatre heures, pendant laquelle on maintiendra dans les divers locaux les températures fixées au tableau modèle A visé à l'article 3, la température extérieure étant supposée descendre au minimum indiqué par ce même tableau. La vérification contradictoire de cette consommation sera faite pour une des deux périodes de vingt-quatre heures des essais de température (voir art. 11).

Lorsque l'installation comportera plusieurs générateurs, le maximum de consommation, correspondant aux conditions ci-dessus, sera garanti séparément pour chacun d'eux.

Si la consommation garantie est dépassée, l'entrepreneur sera passible d'une pénalité calculée à raison de 1 p. 100 du prix forfaitaire pour chaque dépassement d'un cinquantième de la consommation prévue, étant spécifié que, dans le cas où le rendement calorifique de la chaudière dépasserait le chiffre indiqué par le constructeur, chaque excès de 100 grammes de vapeur par kilogramme de charbon compenserait un excès d'un cinquantième dans la consommation de combustible. Toutefois, cette pénalité ne deviendrait effective que si le dépassement est supérieur aux deux cinquantièmes de la consommation garantie.

En aucun cas, la somme de la pénalité ci-dessus et de la réfaction des générateurs ne pourra dépasser 10 p. 100 du prix forfaitaire.

Article 11.

ESSAIS DE L'INSTALLATION.

Aussitôt après l'achèvement des travaux, et avant le départ des ouvriers, il sera procédé à un *essai d'étanchéité et de fonctionnement*.

La *réception provisoire* sera prononcée dès que cet essai aura permis de constater que les canalisations sont étanches et que la vapeur arrive à tous les radiateurs.

Les *essais de température* seront faits avant l'expiration de la première année qui suivra la réception provisoire. Ils comprendront deux périodes de vingt-quatre heures, prises au cours du fonctionnement normal de l'installation, après que le chauffage aura fonctionné pendant un temps suffisant pour établir le régime.

Ces périodes seront choisies de façon que les minima correspondants de la température extérieure ne soient pas supérieurs de plus de 5, ni inférieurs de plus de 2 degrés centigrades au minimum qui aura servi de base aux calculs des calories et à la détermination des générateurs et radiateurs.

Si, avant le 1ᵉʳ février, la température extérieure n'a pas permis l'exécution des essais dans les conditions ci-dessus, on pourra y procéder tant que le minimum de cette température ne dépassera pas 5 degrés au-dessus de zéro.

Le minimum de la température extérieure sera obtenu, pour chaque bâtiment, en faisant la moyenne des indications de thermomètres à enregistreurs placés sur ses diverses faces, à mi-hauteur de la sablière. Les températures intérieures seront prises au milieu des pièces, à 1ᵐ,50 du sol.

Si la température extérieure minima du jour de l'essai est inférieure à celle de base, l'installation pourra donner, par degré d'écart entre ces deux températures, un demi-degré au-dessous des températures fixées au tableau du modèle A susmentionné (art. 3).

Si, au contraire, le minimum extérieur est supérieur à celui de base, l'installation devra donner, par degré d'écart, un quart de degré au-dessus de ces mêmes températures.

La vérification de la consommation en combustible sera faite au cours de ces mêmes essais, dans les conditions indiquées à l'article 10.

On constatera en même temps le fonctionnement de la ventilation.

Les *frais nécessités par ces essais*, à l'exception de la fourniture de combustible jusqu'à concurrence du maximum de consommation garanti par l'entrepreneur seront à la charge de ce dernier, y compris la fourniture de tous les appareils nécessaires (thermomètres, anémomètres, etc.).

L'entrepreneur devra assister ou se faire représenter à tous ces essais; mais, en cas d'absence, il sera passé outre, sans qu'il puisse élever de réclamations de ce chef.

Si les températures obtenues ne correspondaient pas aux conditions ci-dessus, l'entrepreneur serait tenu de prendre toutes mesures utiles et de faire toutes modifications nécessaires pour obtenir le résultat voulu. Si les modifications ou perfectionnements tentés par lui n'aboutissent pas, le constructeur devra procéder à ses frais au remplacement partiel ou total de l'installation, sous peine de dommages-intérêts.

Article 12.

TRAVAUX A LA CHARGE DE L'ADMINISTRATION.

L'administration prendra à sa charge tous les travaux accessoires tels que maçonnerie, fosse de la chaudière, tuyaux de fumée, percements de murs, de voûtes et de planchers, raccords de toute nature, y compris les peintures, sauf celles des radiateurs et des canalisations de vapeur, qui incomberont au constructeur; ceux de ces travaux qui seraient exceptionnellement à la charge de l'entrepreneur seront, le cas échéant, énumérés *explicitement* au cahier des charges spéciales. Les couleurs employées par l'entrepreneur ne devront pas contenir de composés du plomb.

Article 13.

INSTRUCTIONS ET DESSINS.

L'entrepreneur remettra au service du génie :

1° En triple expédition, une instruction claire et détaillée sur la conduite et l'entretien des appareils et sur les soins à prendre pour le bon fonctionnement du système;

2° Trois exemplaires d'un atlas contenant tous les croquis d'ensemble et de détail de l'installation (plan, coupe et élévation), soigneusement cotés et exécutés à une échelle suffisante pour donner toutes les indications nécessaires à l'entretien, au remplacement ou à la réparation de toutes les parties de l'installation.

L'instruction sera remise huit jours avant l'achèvement du montage.

L'atlas des dessins sera fourni dans un délai qui sera stipulé au cahier des charges spéciales, et qui partira de la date de l'ordre de service notifiant la réception provisoire.

Article 14.

ENTRETIEN DE L'INSTALLATION.

L'entretien compris dans le marché (art. 1er, 4°) comporte, outre la main-d'œuvre et les fournitures afférentes à l'entretien proprement dit, toutes les réparations et tous les remplacements nécessaires au bon fonctionnement des diverses parties de l'installation (organes et appareils de toute sorte, canalisations, enveloppes calorifuges, peintures, robinetterie, outils et accessoires divers, etc.), dus à des causes provenant du fonctionnement normal du système.

Seules seront imputées à l'Etat les dégradations provenant du fait du personnel de l'administration.

- S'il ne réside pas dans la place, l'entrepreneur, tout en conservant la responsabilité des travaux à effectuer, devra faire agréer par le chef du génie un ouvrier spécialiste de la place qui pourrait exécuter les réparations urgentes.

Les appareils seront visités contradictoirement par un agent de l'entrepreneur et un délégué du chef du génie, toutes les fois que ce dernier en donnera l'ordre, et, au moins, tous les ans au mois de juin. Pour cette dernière visite, un représentant du corps ou service occupant accompagnera le délégué du chef du génie.

Dans la période du chauffage, les préparations nécessaires seront conduites de façon à n'arrêter le fonctionnement du service que dans le moins possible de locaux à la fois.

Les réparations à entreprendre à la suite de la visite du mois de juin, devront être terminées avant le 1er octobre, faute de quoi l'entrepreneur serait tenu d'assurer, pendant les réparations, le chauffage à ses frais au moyen de poêles installés provisoirement.

Le cas échéant, les frais de voyage et le déplacement des ouvriers et contremaîtres, ainsi que le transport de l'outillage, seront toujours à la charge de l'entrepreneur.

En fin de marché d'entretien, l'ensemble de l'installation, y compris les appareils de ventilation, devront être mis en parfait état d'entretien et reçus par le service du génie et le corps ou service occupant.

L'entrepreneur devra faire agréer par le chef du corps ou du service occupant le personnel qu'il emploiera pour l'entretien et se soumettre aux mesures d'ordre qui lui seront prescrites par ces autorités.

Article 15.

DÉLAI DE GARANTIE.

Le délai de garantie est fixé à deux années à partir de la réception provisoire.

Jusqu'à l'expiration de ce délai, toutes les réparations et remplacements imputables à un vice de construction ou d'agencement, ou à un défaut des matières employées, demeurent à la charge de l'entrepreneur.

Article 16.

Les entrepreneurs qui en font la demande au chef du génie reçoivent en communication une expédition du tableau du modèle A mentionné ci-dessus (art. 3) et un extrait du petit atlas des bâtiments militaires en ce qui concerne le ou les bâtiments où le chauffage doit être installé. Toutefois, l'administration décline toute responsabilité au sujet des renseignements ainsi fournis relativement à l'état des lieux, ainsi qu'aux dimensions et à la capacité cubique des divers locaux. Il appartiendra aux entrepreneurs intéressés de les vérifier sur place, et, à cet effet, il leur sera délivré, par le chef du génie, une autorisation de pénétrer dans les bâtiments susdits, sous la conduite du casernier chargé de la surveillance de l'établissement.

A la date fixée par le chef du génie, les entrepreneurs désireux de soumissionner devront avoir déposé dans les bureaux de la chefferie le projet complet d'installation comprenant :

1° Les dessins représentant en plan, coupe et élévation :

a) L'ensemble de l'installation, avec l'emplacement exact des appareils;

b) Les principaux appareils proposés (générateurs, radiateurs et robinets de réglage, dispositifs des prises d'air, etc.);

Tous ces dessins seront aussi détaillés que possible, soigneusement cotés, et à une échelle suffisante pour permettre l'appréciation exacte des appareils et dispositifs proposés, ainsi que le fonctionnement de l'ensemble du système;

2° Un mémoire explicatif et justificatif renfermant notamment :

c) Les calculs des calories, des surfaces radiantes et des éléments des générateurs (surfaces de chauffe et de grille);

d) La description des divers organes et appareils de l'installation. En particulier, on spécifiera : la constitution et l'agencement des générateurs, des canalisations et de leurs joints, en indiquant la nature du métal des différentes parties, et, pour les canalisations, les limites des diamètres des tuyaux; les conditions normales de garantie des divers organes de l'installation; le nombre de chargements en combustible des générateurs pour une période de vingt-quatre heures; les dispositifs proposés pour assurer le fonctionnement de la ventilation (prises d'air neuf, s'il y a lieu, et orifices d'évacuation de l'air vicié);

e) L'indication du rendement calorifique des générateurs en

marche normale (art. 4 et 9) et l'indication du maximum de consommation pendant vingt-quatre heures (art. 10);

f) Le devis énumératif et quantitatif de toute l'installation;

g) Une série des prix auxquels l'entrepreneur s'engage à livrer franco à l'établissement, pendant une période de dix ans après le délai de garantie, les pièces de rechange nécessaires à l'entretien de l'installation;

h) Une liste de références se rapportant à des travaux analogues à ceux du projet, tant comme nature que comme importance.

Les projets ainsi déposés sont soumis à l'examen d'une commission spéciale qui décide de leur admission.

Cette commission se compose du chef du génie, d'un représentant du corps ou service occupant l'établissement où doit se faire l'installation du chauffage, et d'un fonctionnaire de l'intendance, les deux derniers désignés par le commandement local.

Les entrepreneurs dont les projets auront été reconnus par la susdite commission comme remplissant les conditions imposées au présent cahier des charges communes et au cahier des charges spéciales seront seuls admis à soumissionner.

Les concurrents évincés ne pourront exercer aucun recours contre la décision de la commission, ni réclamer aucune indemnité, à quelque titre que ce soit.

Article 17.

DÉPÔTS DES SOUMISSIONS.

Les propositions des entrepreneurs admis par la commission mentionnée à l'article précédent doivent être remises ou adressées au chef du génie dans les délais impartis.

Elles consistent en une soumission qui fait connaître le prix forfaitaire de l'installation et celui de l'entretien annuel exécuté dans les conditions définies ci-dessus (art. 14); ces deux prix doivent être énoncés séparément.

Ladite soumission sera établie conformément à un modèle qui sera inséré au cahier des charges spéciales.

Elle constituera, conjointement avec le projet déposé (art. 16), le contrat du marché qui sera passé avec l'entrepreneur auquel l'entreprise sera attribuée.

Article 18.

APPROBATION DU MARCHÉ.

Le marché ne sera définitif qu'après l'approbation du Ministre ou de son délégué.

Modèle A.

TABLEAU

*des données devant servir de base à l'étude du projet
d'installation du chauffage.*

(Art. 3 du cahier des charges communes aux marchés relatifs
aux installations de chauffage par la vapeur à basse pression.)

| Numéro de l'assiette. | 1° ÉNUMÉRATION DES LOCAUX A CHAUFFER. | | | | 2° TEMPÉRATURE de régime | 3° MINIMUM de la température extérieure. |
	Affectation.	Surface en mètres carrés.	Hauteur en mètres.	Capacité en mètres cubes.		

Le

représentant le corps (ou service) occupant,

Le

représentant le Service de l'intendance,

| 4° VOLUME HORAIRE D'AIR NEUF INTRODUIT | | | OBSERVATIONS. |
par prises d'air spéciales.	par la ventilation naturelle.	Total.	

Arrêté à   , le   19

Le Chef du génie (ou son délégué),

Le

représentant le Service de santé,

Imprimerie militaire

CHARLES-LAVAUZELLE & Cie

PARIS, LIMOGES, NANCY